BEI GRIN MACHT SICH IHR WISSEN BEZAHLT

- Wir veröffentlichen Ihre Hausarbeit,
  Bachelor- und Masterarbeit

- Ihr eigenes eBook und Buch -
  weltweit in allen wichtigen Shops

- Verdienen Sie an jedem Verkauf

Jetzt bei www.GRIN.com hochladen und kostenlos publizieren

Bibliografische Information der Deutschen Nationalbibliothek:

Die Deutsche Bibliothek verzeichnet diese Publikation in der Deutschen National-bibliografie; detaillierte bibliografische Daten sind im Internet über http://dnb.d-nb.de/ abrufbar.

Impressum:

Copyright © 2013 GRIN Verlag, Open Publishing GmbH
Druck und Bindung: Books on Demand GmbH, Norderstedt Germany
ISBN: 978-3-668-05440-0

Dieses Buch bei GRIN:

http://www.grin.com/de/e-book/306153/filmsequenzanalyse-von-roland-emmerichs-independence-day

Anna Berghe von Trips

Filmsequenzanalyse von Roland Emmerichs "Independence Day"

GRIN Verlag

GRIN - Your knowledge has value

Der GRIN Verlag publiziert seit 1998 wissenschaftliche Arbeiten von Studenten, Hochschullehrern und anderen Akademikern als eBook und gedrucktes Buch. Die Verlagswebsite www.grin.com ist die ideale Plattform zur Veröffentlichung von Hausarbeiten, Abschlussarbeiten, wissenschaftlichen Aufsätzen, Dissertationen und Fachbüchern.

Besuchen Sie uns im Internet:

http://www.grin.com/

http://www.facebook.com/grincom

http://www.twitter.com/grin_com

Universität Konstanz

Geisteswissenschaftliche Sektion

Literatur-Kunst-Medien

WS 2013/2014

Filmanalyse

Filmsequenzanalyse

Film „Independence Day"

Von Roland Emmerich und Dean Devlin

Anna Berghe von Trips

Literatur-Kunst-Medien

3 Semester

Titel	Independence Day
Regisseur/ Produzent	Roland Emmerich/ Dean Devlin
Drehbuch	Roland Emmerich/ Dean Devlin
Kamera/ Schnitt	Karl Walter Lindenlaub/ David Brenner
Musik	David Arnold
Ton Art Direction/ Set Direction	Chris Carpenter, Bill W. Benton/ Bob Beemer, Jeff Wrexler
Kostüme/ Spezialeffekte	Joseph A. Porro/ Clay Pinney, Joseph Viskocil
Erscheinungsjahr/ Farbe/ Dauer/ Bildformat	1996/ Farbe/ 145 Minuten/ 16:9

Hauptdarsteller	Jeff Goldblum	David Levison
	Bill Pullmann	Präsident Withmore
	Will Smith	Captain Steve Hiller
Weitere Darsteller	Mary McDonnell	Marylin Withmore
	Judd Hirsch	Julius Levison
	Randy Quaid	Russell Casse
	Margaret Colin	Connie Spano
	Robert Loggia	General Grey
	Vivica A. Fox	Jasmine Dubrow
	James Rebhorn	Verteidigungsminister
	Brent Spiner	Dr. Okun
	James Duval	Miguel Casse
	Harry Connick Jr	Captain Jimmy Wilder

Der Film „Independence Day" von Roland Emmerich zeichnet ein typisches Weltuntergangsszenario in der heutigen Zeit aus der Sicht der USA. Beginn des Films ist der 2. Juli. Über jeder Großstadt der Erde tauchen außerirdische Raumschiffe auf, die von einem riesigen Mutterschiff im Weltall gesteuert werden. Der Satellitenempfang rund um die Welt ist gestört, da die Aliens diese benutzen um ihre Kommunikation zu gewährleisten. Der US-Präsident Thomas J. Whitmore stuft die Situation als ungefährlich ein und versucht freundlichen Kontakt mit den unbekannten Wesen aufzunehmen. Währenddessen erkennt der Satellitentechniker David Levinson einen Code, der ein Countdown bis zum Angriff der Aliens ist, durch den die Satellitenstörungen verursacht werden. Kurz bevor die Attacke beginnt, gelingt es ihm seine Exfrau Connie, Whitmores Pressesprecherin und den Präsidenten zu warnen. Die menschlichen Verteidigungsversuche scheitern allesamt aufgrund der überlegenen Schutzschildtechnik der Aliens. Nur dem Kampfpiloten Steven Hiller gelingt es ein feindliches Raumschiff abzuschießen. Dabei stürzt er selber in der Wüste Nevadas in der Nähe der berühmt berüchtigten Area 51 ab. Dorthin bringt er den besiegten Alien und trifft auf den Trupp um den Satellitentechniker David und den Präsidenten. Eben hier existiert schon seit den 1950er ein Raumschiff, das von Dr. Okun untersucht wird und dessen Energieversorgung erst jetzt mit dem Eintreffen des Mutterschiffes wieder funktioniert. Nachdem der Präsident bei der Untersuchung des besiegten Aliens erfährt, dass die Außerirdischen die Menschen vernichten wollen, entwickelt David den Plan die Schutzschilde der Aliens mit einem Computervirus außer Kraft zu setzen. Am 4. Juli findet der von Whitmore organisierte weltweite Gegenangriff der Menschen statt, während dem Steven Hiller und David Levinson mit dem gefundenen Ufo in das Mutterschiff eindringen und dieses durch den Computervirus und eine Atombombe funktionsunfähig machen wollen. Der Plan gelingt und die Menschen können sich und die Erde gegen die außerirdische Invasion schützen. Der im Jahre 1996 erschienene Film lässt sich klar in das Genre des Actionfilms einordnen. Es ist eine Science Fiction Geschichte, die in der zweiten Hälfte der 90er Jahre produziert wurde. Regisseure und Produzenten, die zu dieser Zeit diese Art von Film gemacht haben, orientieren sich sehr oft am Posthumanismus. Auch der Blockbuster „Independence Day" kann dieser Philosophie zugewiesen werden. Dabei wird die Angst ausgedrückt, dass der Mensch von überirdischen, bzw. übermächtigen Kräften beherrscht oder ausgelöscht wird. Ob das nun unbekannte

Lebewesen aus einer fremden Galaxie, oder intelligente Maschinen sind, die wir selber produziert haben, ist unwichtig. Das Wort Posthumanismus bedeutet dabei nicht das Ende der Menschen, sondern das Ende der Menschheit. Also der Zeit, in der die Menschen die Macht über sich selbst und die Erde verloren haben. Wir spielen demzufolge keine bindende, zentrale Rolle mehr in der Realität. Es gibt viele verschiedene Ansichten und Theorien darüber, wie sich diese neue Ära ausdrücken mag, ob der Mensch von Maschinen oder Aliens beherrscht wird oder ob wir uns weiterentwickeln, zum Beispiel zu einem Wesen das halb Mensch – halb Maschine ist.[1]

Die Einordnung in den Posthumanismus und das Genre der Science Fiction Filme lässt das Thema des Streifens klar erkennen. Es ist ein Katastrophenfilm, der den drohenden Weltuntergang und das Ende der Menschheit durch eine außerirdische Spezies behandelt.

Durch die Millionensumme, die Emmerich für die Produktion dieses Blockbusters zur Verfügung stand und die in den 1990er Jahren beträchtlich erweiterten, technischen Möglichkeiten für Spezialeffekte wird dieser Film zu einem wichtigen Teil der Entwicklung in der Filmgeschichte. Er wird heute in einem Atemzug mit Filmen wie Star Wars, Matrix und Godzilla genannt.

Die Kameraführung in der gewählten Sequenz unterstützt die Problematik, die den ganzen Film beherrscht. Die Menschen müssen sich vor den Aliens retten. Um dies zu zeigen wird in der Sequenz die gesamte Breite an Einstellungsgrößen ausgenutzt. Sie variieren von der Totalen bis zur Detailaufnahme, je nachdem aus welcher Sichtweise gefilmt wird. Während der Flugszenen, die den Kampf zwischen Mensch und Alien zeigen, wechselt die Kamera zwischen Steven Hillers Cockpit, dem Cockpit des Aliens und den äußeren Begebenheiten.

Wenn die Kamera aus dem Raumschiff des Aliens filmt, werden vor allem Halbtotalen verwendet. Es wird der Canyon gezeigt und die bevorstehenden Hindernisse, die zu umfliegen sind. Der Alien selbst ist nie zu sehen, genauso wenig wie eventuelle Schwierigkeiten mit dem Fluggerät.

Im Gegensatz dazu ist der Fokus des Bildes aus der Sicht von Steven Hiller durch Detail- und Großaufnahmen auf die im Moment bestehenden Probleme mit seinem Jet gesetzt. Die Maschine hat kaum noch Treibstoff und er muss eine Lösung finden,

---

[1] Vgl.: Buckland, W. (2009), S. 67f

4

um der brenzligen Situation schnellstmöglich zu entfliehen. Das wird durch den durchgehenden Wechsel des Blickes auf sein Gesicht und den Bordcomputer gezeigt.

Die Lösung seiner aktuellen Schwierigkeiten durch das Ziehen des Bremsfallschirms um dem Alien die Sicht zu nehmen, wird durch Halbnahen und Großaufnahmen sichtbar gemacht. Die nächsten Einstellungen demonstrieren die Rettung des Captain durch den Rettungsfallschirm, die Explosion des Kampfjets und die Strecke, wie das Raumschiff zum Liegen kommt. Nachdem Steven Hiller in der Luft an seinem Fallschirm hängt, wird vor allem mit Halbnahen und Halbtotalen gearbeitet. Dadurch kommt das Raumschiff, das der Zuschauer bis jetzt noch nicht aus der Nähe gesehen hat, zur Geltung.

Bis der Captain das rauchende Raumschiff entdeckt, ist der Fokus auf die Situation Steven Hillers gerichtet. Er ist mitten in der Wüste, alleine und hat kein Fahrzeug. Seine Erschöpfung, Verzweiflung und Wut sind durch Nahaufnahmen und Halbnahen ausgedrückt.

Bis Steven Hiller das Raumschiff öffnet und zum Ersten Mal das Alien sieht, ändern sich die Einstellung von Panoramen, um die Gesamtsituation zu zeigen und Halbnahen, die den Weg zum Raumschiff überbrücken.

Der Rest der Sequenz ist in Close-ups und Nahaufnahmen veranschaulicht, um den erstmaligen Sieg des Menschen über die unbekannte Gefahr genau darzulegen.

Die Kamerabewegungen in der Sequenz begrenzen sich auf ein Minimum. In den meisten Einstellungen ist die Bewegung nur im Bild. Die Kamera an sich ist starr. Während des Kampfes in der Luft wird nur manchmal durch Drehung oder Bewegung mit den Fliegern die Geschwindigkeit und Dynamik der Situation belegt. Die vier Einstellungen in welchen der Bremsweg des Raumschiffes gezeigt wird, unterstreichen diesen durch die mitfahrende Kamera.

Als Steven Hiller wütend auf das rauchende Raumschiff zu läuft, wird die rückwärts gerichtete Kamerafahrt benutzt, um dem Zuschauer die Wut des Captain noch deutlicher vor Augen zu führen.

Insgesamt ist die Thematik der Sequenz an sich schon bewegt genug, als dass man dies mit viel Kamerabewegung noch unterstreichen müsste.

Auch der Kamerawinkel ist horizontal und wird wenn dazu benutzt, die Beziehung zwischen Alien und Mensch aufzuzeigen. Eigentlich ist Steven Hiller dem Außerirdischen unterlegen, doch als dieser die Luke des Raumschiffs öffnet, ist die

Sichtweise in einem High Angle angebracht und der Alien wird aus der Froschperspektive gezeigt. Insgesamt ist die Kameraführung sehr einfach und schlicht, da der Zuschauer durch die an sich schon schnell bewegte Szene überfordert wäre.

Es wird eine szenische Montage mit chronologischen Syntagmen[2] verwendet, die aus 55 Einstellungen besteht.

Die Schnitte sind sehr schnell gesetzt. Die meisten Einstellungen sind nicht länger als eine Sekunde, insbesondere während dem Kampf in der Luft. Dort sind die Übergänge außerordentlich hart, alles passiert schnell und ruckartig. Der Blickwinkel wechselt regelmäßig zwischen den beiden Oppositionen. Immer wieder wird aus der Sicht des Aliens und dann wieder aus Sicht Steven Hillers gefilmt. Um Neutralität zu schaffen, wird auch die Umgebung des Canyons gezeigt. Die Kamera wird entweder vor die Kämpfenden positioniert oder auch an einen Punkt an dem die Flieger seitlich vorbeikommen. Nachdem das Ende des Canyons erreicht ist und die Kontrahenten auf dem Boden angelangt sind, werden auch die Schnitte weicher und sind weiter gesetzt. Erst als Steven Hiller sich aufgerafft und das Raumschiff entdeckt hat, verschwindet seine anfängliche Erschöpfung und die Wut entflammt erneut. Die wiedergekehrte Rage wird auch im Schnitt sichtbar, vor allem als die Luke geöffnet ist und er das Alien k.o. schlägt. Um den Schlag zu verdeutlichen, wurde das Prinzip des Schuss-Gegenschusses verwendet.

Die Szenerie der analysierten Sequenz ist real, sie findet in der Wüste Nevadas statt. Die Sequenz gliedert sich in zwei Schauplätze. Zu Beginn fliegen die beiden Kämpfenden durch die Schlucht eines Canyons. Durch den Kampf wird jedoch der Fokus nicht auf die Umgebung gesetzt, sondern auf die Flieger. Man sieht viel mehr die Geschosse und die von ihnen verursachten Explosionen, welche riesige Feuerbälle nach sich ziehen. Nur um den Schwierigkeitsgrad der Flugstrecke deutlich zu machen, wird auch ein abbrechender Teil des Canyons gezeigt, den die Kämpfenden umfliegen müssen.

Nachdem Steven Hiller den Hebel für den Schleudersitz betätigt hat um sich in Sicherheit zu bringen, wird der zweite Schauplatz der Szene gezeigt. Dieser befindet sich auf ebenen Grund - kurz vor der Schlucht - welche die beiden gerade verlassen

---

[2] Vgl.: Kuchenbuch, T. (1978), S.40

haben.

Im Hintergrund sind Felsen zu sehen, die dieselbe Beschaffenheit aufweisen wie die eben durchflogene Schlucht. Der Wüstenboden ist mit kleinen Büschen, trockenem Gras und Steinen bedeckt. Durch diese Begebenheiten, die flimmernde Luft und den strahlend blauen Himmel wird dem Zuschauer mitgeteilt, dass sich der Drehort tatsächlich in der Wüste befindet. Auch die Requisiten und Kostüme unterstützen die Realität der gezeigten Szene. Steven Hillers Ausrüstung und Uniform entspricht der amerikanischen Soldatenausstattung.

Alles in allem unterstützt das Setting die Illusion des Films, dass die Geschichte realitätsgetreu passiert ist oder passieren könnte.

Die Sequenz wird durch entsprechende Geräusche und Musik untermalt. Auch hier gliedert sich das Gezeigte in zwei Teile. Der erste Teil ist die Flugszene, welche mit dem von David Arnold komponierten Musikstück „Base Attack" und entsprechenden Flug- und Schussgeräuschen abgerundet ist. Zwischen den Geräuschen des Düsenjets von Steven Hiller und die des Raumschiffes kann klar unterschieden werden. Dabei treten die Töne des Jets eher in den Hintergrund und die des unbekannten Flugobjekts in den Vordergrund. Um die Heftigkeit der Geschosse zu bestätigen, kommt zudem noch der Lärm von Explosionen hinzu. Um die brenzlige Situation des Captain zu verstärken, sind gleichzeitig zum Bild des Bordcomputers piepsende Alarmsignale zu hören. Auch der rettende Fallschirm und das nach oben katapultieren des Piloten werden mit entsprechenden Tönen umrahmt.

Der zweite Teil der Szene beginnt auch beim Ton, wenn die Kämpfenden gelandet sind. Jedoch erst wenn das Raumschiff zum Liegen gekommen ist. Bemerkbar wird dies durch das Ende des Musikstückes.

Von jetzt an durchgängig bis zum Ende ist nur noch das Rauschen des Windes im Hintergrund zu hören. Dadurch kommt der Monolog Steven Hillers, welcher die Wut auf die unbekannte Bedrohung ausdrückt, viel besser zur Geltung.

Erst als der Captain die Luke des Raumschiffes öffnet, werden wieder Töne verwendet, welche die fremde Gefahr des Aliens unterstützen. Dies aber auch nur solange, bis der feste Schlag Steven Hillers den Außerirdischen zurück in das Raumschiff sinken lassen.

Abschließend zur Analyse soll noch auf die Wichtigkeit der Sequenz für die Gesamtheit des Films gezeigt werden

Das Zentrum der Geschichte ist die Bedrohung der Erde und der Menschheit durch eine unbekannte Gefahr aus dem Weltall. Die Außerirdischen selbst werden bis zu der ausgewählten Szene nie gezeigt. Nur die Raumschiffe und die Überlegenheit der Aliens werden deutlich. Die Menschen sind hilflos. In welcher Weise sie auch versuchen sich zu verteidigen, alle Bemühungen scheitern. Erst durch Steven Hiller, einen einfachen Militärpiloten, kann ein kleiner Erfolg verzeichnet werden.

Von dem Ende der analysierten Sequenz bis zum Schlusspunkt der Erzählung, der den Sieg der Menschen über die Aliens beinhaltet, keimt die Hoffnung wieder auf und die Menschen entwickeln einen Plan, der die Außerirdischen überlistet.

Die hier beschriebenen, eingesetzten filmischen Mittel geben dem Zuschauer alle Informationen, die für die Botschaft der Sequenz Ausschlag gebend sind. Die Härte des Kampfes, die Not und Wut Steven Hillers kommen besonders gut durch die Kamerabewegung und den Ton zur Geltung. Die Überlegenheit des Piloten wird vor allem durch den Kamerawinkel deutlich.

Dass Steven Hiller dem Alien nach dessen k.o. den Satz „Willkommen auf der Erde!" entgegenschleudert, betont noch einmal wörtlich den Wert des blauen Planeten für die Menschen, dass diese alles für die Verteidigung in Bewegung setzen werden.

Insgesamt ist dieser Film immer wieder sehenswert, insbesondere wegen den verwendeten Spezialeffekten, die zur Zeit der Entstehung des Films gerade erst den Kinderschuhen entwachsen waren.

Sequenzprotokoll: Independence Day

Während der Flugszene sind immer Explosions- und Fluggeräusche zu hören

Ei nst. – Nr.	Einst. – Läng e	Ges amt zeit (TC)	Einst.- Größe	Kameraposition- und bewegung	Bildinhalt und – komposition/Handlung	Sprache/Dialog	Geräusche	Musik
0	62:08	3s	Halbtotale	Bewegung mit dem Raumschiff	Blick aus dem Raumschiffcockpit		Schüsse des Raumschiffes	David Arnold: Base Attack (bis das Raum- schiff abge- stürzt ist)
1	62:11	1s	Close up	Starr	Blick auf Steven Hiller		Piepsende Notsignale	
2	62:12	"	Detail	Starr	Steven Hillers Bordcomputer			
3	62:13		Close up	Starr	Blick auf Steven Hiller			
4	62:14		Nahaufna hme	Bewegung mit Steven Hillers Flugzeug; 90° Drehung	Canyon Engpass			
5	62:15		Halbtotale	Starr; Bewegung auf	Blick von der anderen Seite des			

#	Timecode	Dauer	Einstellungsgröße	Kamerabewegung	Inhalt	Dialog	Geräusch
				Kamera zu	Engpasses; S.H. fliegt hindurch		
6	62:16		Close up	Starr	Seitlicher Blick auf S.H.	Schrei von S.H.	
7	62:17		Halbtotale	Starr; Bewegung auf Kamera zu	Alien fliegt durch den Engpass		Fluggeräusche des Raumschiffes
8	62:18		Halbtotale	Bewegung durch das Bild; Kamera schwenkt mit S.H. Flieger	Blick auf S.H. Flieger		Piepsende Notsignale
9	62:19		Halbnah	Bewegung durch das Bild; Kamera folgt Raumschiff	Blick auf Raumschiff, wie es schießt		Schuss- &Fluggeräusche des Raumschiffs
10	62:20	3s	Totale	Bewegung auf Kamera zu	Fliegerkampf von vorne im Canyon		Flug- &Schussgeräusche beider Flieger
11	62:23	2s	Nahaufnahme	Starr; Bewegung auf Kamera zu	Feuerball durch den S.H. fliegt		
12	62:25	1s	Close up	Starr	S.H. im Cockpit, er blickt sich um		
13	62:26		Halbtotale	Kamera fliegt mit dem Raumschiff	Blick aus dem Raumschiffcockpit wie Teil des Canyons abbricht		Explosion
14	62:27		Close up	Starr	Blick auf S.H.	S.H.:"Heeeey, weg da!"	Fallende Steine

Nr.	Timecode	Dauer	Einstellungsgröße	Kamera	Bild	Ton/Dialog	Geräusche
15	62:28	2s	Halbtotale	Starr; Bewegung auf Kamera zu; Leichter high angle	Blick von vorne auf das abbrechende Teil wie S.H. und das Alien es umfliegen	S.H.:"Wooooaaaa hhhh"	Fluggeräusch e des Aliens
16	62:30		Detail	Starr	Blick auf Bordcomputer von S.H.		Piepsende Alarmgeräus che
17	62:31		Close up	Starr	Blick auf S.H.		
18	62:32		Totale	Kamera schwenkt mit dem Raumschiff	Blick aus dem Raumschiffcockpit	S:H::"Mal sehen, ob du das Ding auch blind fliegen kannst!"	
19	62:33		Close up	Starr	Blick auf S.H.		Hebelzug
20	62:34		Detail	Starr	Blick auf S.H.´s Hand, wie er einen Hebel bedient		Heraus- rauschender Fallschirm; Fluggeräusch e des Jets
21	62:34		Detail	Starr	Abbremsender Fallschirm fliegt aus der Öffnung hinaus auf das Raumschiff zu		
22	62:34		Detail	Starr	Fallschirm fliegt aus der Öffnung hinaus		
23	62:35		Halbnahe	Kamera schwenkt mit dem Fallschirm	Fallschirm fliegt weiter aus der Öffnung hinaus		

Nr.	Zeit	s	Einstellungsgröße	Kamerabewegung	Bild	Ton	Effekt
24	62:35	2s	Amerikanische	Kamera schwenkt mit dem Fallschirm	Fallschirm fliegt auf Windschutzscheibe des Raumschiffes		
25	62:37		Nahaufnahme	Starr	Blick aus dem Raumschiff, wie der Fallschirm die Windschutzscheibe bedeck		
26	62:38		Close up	Starr	Blick auf S.H.´s Gesicht	S.H. lacht hysterisch	
27	62:39		Totale	Starr; Bewegung im Bild	Blick aus dem Raumschiff auf das Ende des Canyons	S.H.:" Ich hoffe, du hast 'n Airback!"	
28	62:40		Close up	Starr	Blick auf S.H.´s Gesicht		
29	62:40		Detail	Starr	S.H.´s Sitz, seine Hand wie er sich abschnallt und einen Hebbel bedient		Hebelzug
30	62:41		Nahaufnahme	Starr; Bewegung nach oben aus dem Bild heraus	S.H. beginngt nach oben katapultiert zu warden	Schrei von S.H.	
31	62:42	2s	Halbtotale	Starr; Bewegung durch das Bild; Leichter High Angle	S.H.´s Jet fliegt gegen Canyonwand und explodiert. Das Raumschiff folgt ihm		Explosion
32	62:44	1s	Halbnahe	Starr, Bewegung im Bild	Blick aus dem Raumschiff auf den explodierenden Jet; Fallschirm fliegt von der Windschutzscheibe		Explosion

12

Nr	Timecode	Dauer	Einstellungsgröße	Kamera	Bild	Ton	Geräusche	Musik
33	62:45	3s	Amerikanische	Starr; Leichter High Angle; Bewegung durch das Bild	Abgrund des Canyons von oben; Feuerball des Jets lodert aus dem Abgrund auf; das Raumschiff schießt aus dem Feuerball hervor		Fluggeräusche des Raumschiffes	
34	62:48	1s	Halbnahe	Starr; Bewegung durch das Bild	Abstürzendes Raumschiff		Leiser werdende Fluggeräusche des Raumschiffes	
35	62:49		Nahaufnahme	Kamera schwenkt mit dem Raumschiff	Abbremsendes Raumschiff			
36	62:51	2s	Halbnahe	Starr; Bewegung durch das Bild	Abbremsendes Raumschiff			
37	62:53	4s	Nahaufnahme	Kamera schwenkt mit dem Raumschiff	Abbremsendes Raumschiff			
38	62:57	3s	Halbtotale	Starr; Bewegung durch das Bild; High Angle	S.H. hängt am Fallschirm		Windrauschen	Musik ende
39	63:00		Halbnahe	Kamera schwenkt von oben nach unten	S.H. landet		Auf dem Boden aufkommender S.H.; Windrauschen	
40	63:01	4s	Nahaufnahme	Starr; Bewegung im Bild; Leichter Low Angle; Schwenk mit	Fallschirm bedeckt S.H. er beginnt sich aufzurappeln	Wütender Schrei von S.H.	Windrauschen	

Nr.	Timecode	Dauer	Einstellungsgröße	Kamerabewegung	Aufstehbewegung	Dialog	Ton
41	63:05	3s	Panorama	Starr; Bewegung im Bild; Leichter Low Angle	S.H. steht auf		Erschöpftes, wütendes Atmen
42	63:08	2s	Halbtotale	Starr; Bewegung im Bild; schwenkt mit Fallbewegung	S.H. hängt am Fallschirm fest und fliegt auf dem Boden	Wütendes Schreien	Windrauschen
43	63:10	5s	Nahaufnahme	Schwenk synchron zur Kopfbewegung	S.H. entdeckt das abgestürztes Raumschiff		Lautes Atmen; Wind rauschen
44	63:15	2s	Halbtotal	Starr; Leichter High Angle	Abgestürztes Raumschiff	S.H.: "Blödes Arschloch!"	Windrauschen; rauchendes Raumschiff
45	63:17	2s	Nahaufnahme	Schwenk mit Körperbewegung	S.H. beginnt wieder aufzustehen		Lautes, erschöpftes Atmen
46	63:19	6s	Halbtotale	Zuerst starr; dann Schwenk mit Körperbewegung	S.H. steht auf und rastet aus, weil er festhängt. Befreit sich vom Fallschirm.	S.:h.:" So geht das! Lass mich...lass mich los!" (schreiend)	Fallende Schnalle des Fallschirms
47	63:25	4s	Panorama	Starr; Bewegung im Bild	Gesamtszene; S.H. läuft auf das Raumschiff zu	S.H.:" Das hast du nun davon. Guck dich doch an...!"	Hysterisches Lachen; Windrauschen

Nr.	Timecode	Dauer	Einstellungsgröße	Kamera	Bild	Text	Geräusch	Musik
48	63:29	8s	Halbnahe	Kamerafahrt rückwärts; Bewegung auf Kamera zu; Fokus auf S.H.; läuft aus dem Bild hinaus	Blick auf wütenden S.H., der auf das Raumschiff zu läuft	S.H.: Dein Eimer ist ein Schrotthaufen! Wer ist hier der Boss? Hähh? Wer ist der Boss? Warte bis ich 'ne neue Maschine krieg', dann mach ich mit deinen Freunden dasselbe wie mit dir! Hast du kapiert?"		
49	63:37	5s	Totale	Starr; Bewegung im Bild	S.H. klettert wütend auf übergroßes Raumschiff	S.H.:" Wo steckst du? Hähh? Häähh? Wo steckst du?"		
50	63:42	5s	Nahaufnahme	Starr; Bewegung im Bild; High Angle	Öffnung des Raumschiffs, erst dunkel. Dann Rauch und schleimige Tentakeln; S.H. öffnet die Luke mit all seiner Kraft; Gesicht drückt Ekel aus, als er die Tentakeln sieht		Auf-gehende Luke, un-heimliches Rauschen	Gefahr-an-zeigende Musik
51	63:47	3s	Close up	Starr; Bewegung im Bild; Leichter Low Angle	Rauch aus dem Raumschiff der plötzlich der Alien erscheint		Geräusche vom Alien (böse, piepsend)	

52	63:50	1s	Nah-aufnahme	Starr; Bewegung im Bild; High Angle	S.H. sieht den Alien und schlägt ihm mit voller Kraft ins Gesicht		Dumpfer Schlag
53	63:51	1s	Close up	Starr; Bewegung im Bild; Low Angle	Alien sinkt zurück ins Raumschiff		
54	63:52	1s	Groß-aufnahme	Starr; Bewegung im Bild; High Angle	S.H. grimmig aber zufrieden auf die Öffnung des Raumschiff schauend	S.H.:" Willkommen auf der Erde!"	
55	63:53	3s	Nah-aufnahme	Bewegung im Bild, folgt Körperbewegung; High Angle	S.H. setzt sich erschöpft auf das Raumschiff und holt seine Zigarre aus der Tasche; Zündet sich diese an	S.H.:" Sowas nenn´ich ne unheimliche Begegnung!"	Erschöpftes Ausatmen; öffnen der Zigarren-schachtel; Wind-rauschen

Literaturverzeichnis

- Buckland, Warren: Film Theory and contemporary Hollywood Movies. New York: Routledge 2009
- Dettweiler, Marco: Die technische Kunst des Films. Paderborn: mentis Verlag 2007
- Kandorfer Pierre: Lehrbuch der Filmgestaltung: Theoretisch – technische Grundlagen der Filmkunde. Gau – Heppenheim: Mediabook Verlag 2003
- Katz, Steven Douglas: Film directing shot by shot: Visualizing from Concept to Screen. Studio City: Michael Wiese Productions 1991
- Koebner, Thomas: Filmgenres: Sience Fiction. Stuttgart: Philipp Reclam jun. GmbH & Co. 2003
- Kuchenbuch, Thomas: Filmanalyse: Theorien / Modelle / Kritik. Köln: Prometh Verlag GmbH 1987
- Prince, Steven: Movies an Meaning: An Introduction to Film. Needham Heights: Allyn & Bacon 2001
- Rülicke – Weiler, Käthe: Beiträge zur Theorie der Film- und Fernsehkunst. Berlin: Henschelverlag Kunst und Gesellschaft, DDR 1987
- Silbermann, Alphons: Filmanalyse: Grundlagen – Methoden – Didaktik. München: Oldenbourg Verlag GmbH 1980
- Wills, Brunette: Screen/Play. Princeton: Princeton University Press 1989